AF269356

Monty · Rastrero · Bego · Isa · Ali · Cris · Carmen · Vicky · Silvia

APULEYO EDICIONES   FOMENTO DE VALORES   CUENTOS ILUSTRADOS

HOPE

de pedacitos de ti

APULEYO EDICIONES   FOMENTO DE VALORES   CUENTOS ILUSTRADOS

Este es un libro **100% solidario** que ayuda a la investigación del cáncer infantil.

Todo lo recaudado irá a la **Unidad CRIS de terapias avanzadas de cáncer infantil** en el hospital de la Paz.

La Fundación de Investigación CRIS CONTRA EL CÁNCER es una organización independiente, sin ánimo de lucro y dedicada por completo al fomento y desarrollo de la investigación para eliminar el grave problema de salud que representa el cáncer.

Hecho con cariño, hecho de pedacitos de ti,
de tus amigas, que te quieren y no te olvidan,
esto va por ti, por iluminarnos desde arriba,
por siempre habernos querido sin medida,
por habernos dejado disfrutarte,
por haber tenido la sonrisa más bonita del mundo,
por enseñarnos que siendo feliz, la vida es maravillosa,
por haber luchado como una guerrera hasta el final sin dudarlo,
por habernos dejado conocer, simplemente, a alguien como tú,
a una de las mejores personas del mundo.

Eras, eres y serás siempre única,
y nunca olvides que eres parte de nuestro corazón.

PINTURA

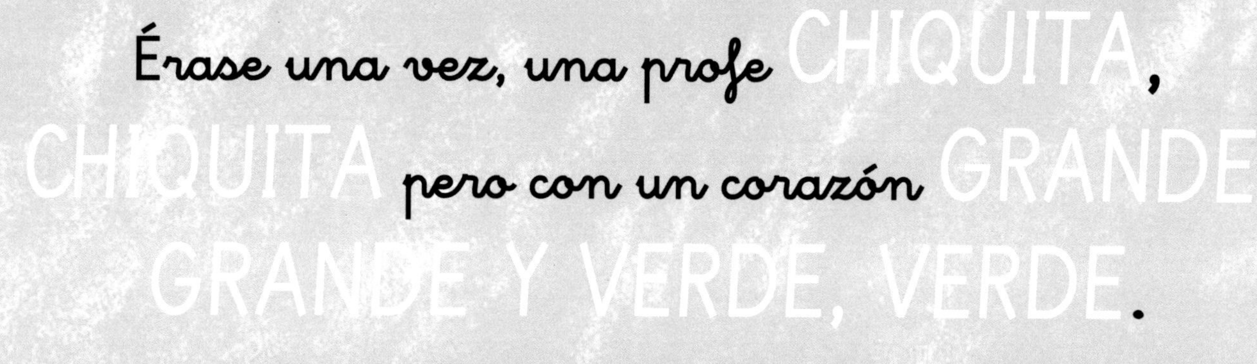

Érase una vez, una profe CHIQUITA, CHIQUITA pero con un corazón GRANDE, GRANDE Y VERDE, VERDE.

¿Grande y verde?

Su corazón era tan grande que sin darse cuenta repartía PEDACITOS VERDES a todas las personas con las que se cruzaba.

—¿Qué te pasa pollito? ¿Por qué estás llorando? —Y en su abrazo dejaba un trocito de su corazón verde.

—¿Estás nervioso? Di las palabras mágicas: "easy peasy, lemon squeezy" —y otro trocito de corazón que dejaba.

Era pura MAGIA.

Con su mirada borraba

la tristeza de los niños.

¿Cómo? Con un trocito de su

CORAZÓN VERDE.

Convertía una chuche en fruta
para que el cuerpo comiese sano.
¡Otro trocito de
CORAZÓN VERDE!

Pintaba de colores los días grises y...
¡Otro trocito de
CORAZÓN VERDE!

Y así, cuando entraba en la clase,
cuando salía al patio, cuando estaba con sus compañeras,
cuando llegaban los papás y mamás. Todo el mundo
con el que hablaba se llevaba un trocito de su

CORAZÓN VERDE.

Y cuando cantaba...¡Ay, cuando cantaba!
Salían los trocitos como estrellas fugaces,
directas al pecho de sus niños.

¿Sabéis cómo se llamaba esta profe?

Se llamaba ESPERANZA.

Y no hay, ni habrá nunca, una profe
tan especial como ella.

¿Y sabéis por qué su corazón era VERDE?

Verde es el color de la ESPERANZA.

Pero, ¿qué es ESPERANZA?

Pues bien, la ESPERANZA es una fuerza que todos tenemos dentro, que nos hace FELICES y nos permite AYUDAR a los demás para que también lo sean.

Por eso, cuando veáis a
un amigo que está TRISTE, preguntadle
qué le pasa y ABRAZADLE.
Si veis a alguien que está nervioso, decidle las palabras
mágicas: "easy peasy, lemon squeezy".

¿Pero sabéis lo mejor? A cada niño que escucha este cuento, a cada persona que le llega su historia, le llega también un

TROCITO DE SU CORAZÓN VERDE.

Miss ESPERANZA

Disfruta y aprende sumergiéndote en la historia de HOPE con estas actividades.